# 了不起的
# 头脑体操
## 密林寻秘宝

[日] 多湖辉 著　[日] 水野良太郎 绘　安伊文 译

人民文学出版社
PEOPLE'S LITERATURE PUBLISHING HOUSE

著作权合同登记：图字 01-2022-5006 号

ATAMA NO TAISOU DAI 7 SHUU
NOUMISO NO JUNGLEWO BOUKEN SHIYOU

© Akira TAGO, 2013
All rights reserved.
Original Japanese edition published by Kobunsha Co., Ltd.
Publishing rights for Simplified Chinese character arranged with Kobunsha Co.,Ltd. through KODANSHA LTD., Tokyo and KODANSHA BEIJING CULTURE LTD.Beijing, China.

**图书在版编目（CIP）数据**

密林寻秘宝 /(日) 多湖辉著；(日) 水野良太郎绘；
安伊文译. -- 北京：人民文学出版社, 2023
（了不起的头脑体操）
ISBN 978-7-02-017624-3

Ⅰ.①密… Ⅱ.①多… ②水… ③安… Ⅲ.①儿童故事 - 图画故事 - 日本 - 现代 Ⅳ.①I313.85

中国版本图书馆CIP数据核字(2022)第224285号

| 责任编辑 | 卜艳冰　杨　芹 |
| --- | --- |
| 装帧设计 | 汪佳诗 |
| 出版发行 | 人民文学出版社 |
| 社　　址 | 北京市朝内大街166号 |
| 邮政编码 | 100705 |
| 印　　制 | 山东临沂新华印刷物流集团有限责任公司 |
| 经　　销 | 全国新华书店等 |
| 字　　数 | 80千字 |
| 开　　本 | 787毫米×1092毫米 1/32 |
| 印　　张 | 5.5 |
| 版　　次 | 2023年1月北京第1版 |
| 印　　次 | 2023年1月第1次印刷 |
| 书　　号 | 978-7-02-017624-3 |
| 定　　价 | 39.00元 |

如有印装质量问题，请与本社图书销售中心调换。电话：010-65233595

# 前 言

近年来，科学技术以我从来不敢想的速度飞速发展。其中，信息领域的发展尤为迅速。

家庭生活也好，教育场所也好，新的技术被频频采用。科学技术正以越来越快的速度发展与进步。

但是，技术再怎么发展，如果人们不能将其熟练掌握且运用自如，也毫无意义。

换句话说，软件——即人类的思考，是其中最关键的一环。

我在《了不起的头脑体操：来锻炼脑筋吧》的前言中，写过这样的话：

> 最近，患上"脑动脉硬化症"的年轻人越来越多。这是一种大脑僵化的病症。大学考试、就职考试等仅仅发展了人们的记忆力，却忽略了奔放的想

象力及丰富的创造力，这可能是病因之一。这是一个大问题，因为创造历史的不是常识和固定观念，而是打破常规的独创力。

虽说时代在变化，但是我的这个观点丝毫未变，即使是对当代的年轻人而言，这个观点也完全适用。

最近几年，掀起了一股"脑狂热"之类的大脑生理学热。各式各样的领域似乎都涉及了大脑的问题。

在对大脑的结构进行科学的剖析之后，人们提出了如何提高大脑运转速度的各种方法。

当然，我不是大脑生理学的专家。但是，作为一名心理学者，我从很久以前就开始关注这一领域。

想象的力量、潜在的超能力——如何使这些处于休眠状态的力量重新焕发活力，实际上，这也是我一直思考和研究的课题。

这次的《了不起的头脑体操：密林寻秘宝》，其实正是在这样的思考下写出的作品。与其他几集相比，本集的视点稍稍发生了一些变化，希望读者能通过与这些智力题的较量，提高大脑各个部分的运作。

当然，这不是一部医学书籍，放轻松就好。如果能从中掌握一些促进大脑发展的基础知识，那就更好了。

最后，向在本书写作过程中给予我帮助的村上拓、盛田隆二、福永良子、麻美顺子、高木万里子等友人，致以深深的谢意。

多湖辉

# 目 录

开幕词——大脑中，尽是未开发的丛林 ⋯⋯⋯⋯ 1

1. 脑力之拨开密林 ⋯⋯⋯⋯⋯⋯⋯⋯⋯⋯ 17
2. 脑力之跨越无底沼泽 ⋯⋯⋯⋯⋯⋯⋯⋯ 43
3. 脑力之逆流而上 ⋯⋯⋯⋯⋯⋯⋯⋯⋯⋯ 69
4. 脑力之迷路时刻 ⋯⋯⋯⋯⋯⋯⋯⋯⋯⋯ 95
5. 脑力之越过断崖 ⋯⋯⋯⋯⋯⋯⋯⋯⋯⋯ 113
6. 脑力之攀登绝壁 ⋯⋯⋯⋯⋯⋯⋯⋯⋯⋯ 135
7. 脑力之寻找秘宝 ⋯⋯⋯⋯⋯⋯⋯⋯⋯⋯ 151

# 开幕词——大脑中，尽是未开发的丛林

**冒险之前，首先让脑筋放松一下吧**

今天是以"密林寻秘宝"的名义把大家集中在一起的，我也是如此，不知道接下来会发生会什么。很期待呢！

但是，这次冒险对于脑筋锻炼不足的人来说，是相当费力的一段旅程。我作为队长，想尽快改变队员们脑筋迟钝的状态。

因此，我想先用接下来的问题让大家的脑筋放松一下。请在看答案前，至少要思考一分钟，否则效果就不显著了。

> 例题：今年八十二岁的爷爷，给在读小学的孙子出了这样一道算数题。
> 
> "某个数，去掉2变成13，去掉3变成20，把2和3都去掉变成10。那么，这个数是几？"
> 
> 小孙子听了这道题，想：爷爷老糊涂了吧……

怎么样？有没有人能立刻想出答案？

当然，对于曾经历过头脑柔软训练的人来说，这道题毫无难度。但是对于平时没有特别训练的人，或是最近偷懒的人，或许有一定难度吧。那样的人，确实比例题中八十二岁的老爷爷更糊涂呢。

当然，老爷爷一点儿也不糊涂。在我看来，他还是一个想象力相当丰富、相当爱逗趣、脑筋相当柔软的人。小孙子能有这样的爷爷，真是很幸福呢。

那么，回到答案上，那个数字是"二十三"。如果能想到"某个数"是用汉字书写的，那么这道题就变得很简单了。问题中的数字用了阿拉伯数字的写法，其实是一个陷阱。

想法如果只限定在某一个方向上，就会不自觉地落入思维的陷阱。如果这样的话，在接下来的冒险中，很有可能小命不保哟。

任何时候不要轻易下结论，对状况进行冷静的判断之后，再展开切实的行动。这就是我们此行的使命。

**古希腊的伟大冒险家：柏拉图**

那么，在这里，我想对我们即将开始冒险的大脑，做一番简单的讲解。

我认为，未被开发的大脑犹如原始丛林一般。事实上，人类大脑的构造是非常复杂的，未知的部分相当多。

虽然观察大脑的外观很容易，但是其中究竟发生了什么，却不得而知，要说人的大脑蕴藏着深不可测的能量也未尝不可。

它距离我们那么近，却是这个世界上最未知的场所。

现在，我之所以这么反复思考，也是我的这个"未知场所"在工作吧。对它进行探险，与进入真正的丛林是一样的，不，甚至需要进行更充分的精神准备。

当然，希望进入大脑深处的想法，并非我独有，人类自古以来就未停止对大脑的探索。

在遥远的古代，人们认为大脑与灵魂是有密切关系的。

其中一个证据，就是我们从古埃及石刻上经常能看到，死者的灵魂以人首鹰身的姿态，展翅飞翔在木乃伊的寝台上。

此外，在日本的古代哲学中，也有这样的说法：人在去世的时候，灵魂会从人的头上离开。

在古希腊时代，人类就开始试图描绘出大脑的地图。他们将死者解剖，用肉眼来观察大脑的结构。

我认为，代表那个时代的哲学家——柏拉图，是试图进入大脑丛林的第一人。

他在著作中这样写道："大脑，是神灵为了支配人类而预备下的小宇宙。"

这是古希腊人对于大脑究竟是个什么样的存在而发表的代表性意见。人类的精神活动受大脑支配的这一想法，那时就已经极为普遍。

但是，在柏拉图死后，再也没有出现积极探索大脑奥秘的人。大脑与心灵是完全不同的两种存在的想法，在很长一段时间里占据了支配性的地位。对于大脑冒险家来说，那是一段黑暗的时代。

**这是复杂的丛林地图**

进入 20 世纪之后，终于，探索大脑丛林、试图解开其奥秘的工作，开始备受瞩目。

人类的精神存在于脑中，并且，大脑是一种物质。于是，如下的想法开始产生：正因为大脑也是一种物质，因此精神可以用研究物质的方式来探究。

图 1 是人类大脑的侧面图。

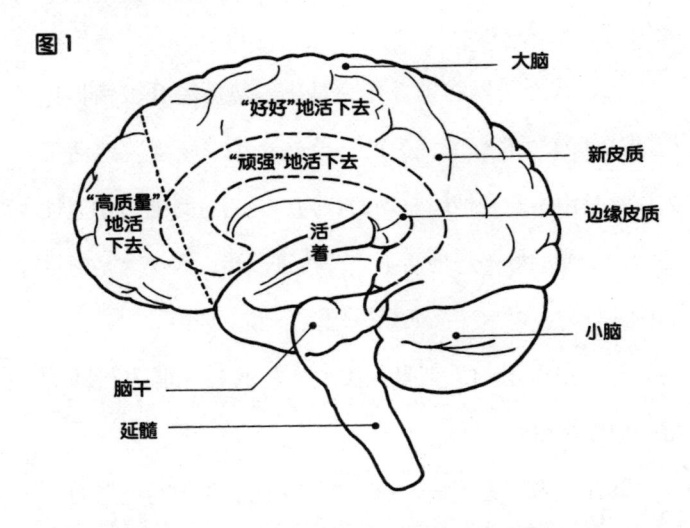

**图1**

```
         "好好"地活下去 ————————— 大脑
         "顽强"地活下去 ————————— 新皮质
"高质量"地活下去              ————— 边缘皮质
                    活着
                              ————— 小脑
   脑干
   延髓
```

真正的大脑从外观看起来稍带一点儿粉红色，从质感上来说与豆腐接近，平均重量大约为 1.3～1.5 千克。

这个复杂的"丛林"大致可分为大脑、小脑、脑干三个部分,并且它们各自与人类的"生"的各种能力有密不可分的关系。

何为"生",很难用确切的语言解释清楚,但是用18世纪法国医生比沙的话大抵能够说明。他说:"所谓生,是用以抵抗死的力量的总和。"

一生致力于大脑探险的前东大教授时实利彦,曾发表过如下的观点:

人,首先是以物理性作为基础,然后展开被精神操控的"活着"的行为。为此,首先必须"顽强"地活下去!那是由本能和情绪驱动的行为。之后,是通过适应性行为一定要"好好"地活下去。再进一步,人类才是通过创造性行为,以求"高质量"地活下去。

图1中显示的,正是人类"生"的各个能力与脑的哪一部分相对应。

如此一来,也正是大脑左右人类的想象力与创造力。

人类的大脑尤其发达。而人类之所以成为人类的秘密,大约就藏在大脑中吧。

大家都知道，大脑还分成左右两个半球吧。

根据大脑的冒险家——角田忠信（原东京医科齿科大学教授）的说法，右脑和左脑的区别如下所述：

首先，左半脑存在语言中枢，语言中枢是阅读并理解文字，以及写作所不可或缺的，而右半脑虽然也在某种程度上可能拥有理解能力，但是独立使用语言或文字来表达，对右半脑来说非常困难。

其次，左脑由于存在理性思考的功能，因此可以承担分析的工作，而右脑则在知觉、理解、记忆方面相当优秀。例如，捕捉外形、轮廓，以及触觉的感知、空间的把握、外貌的识别之类，右脑有大致把握整体特征的能力。

再者，在左脑和右脑之间，存在被称为"脑梁"的神经纤维束，以连接左右。出现在左视野中的文字之所以能被正确解读，是因为右脑把接收到的信息，通过"脑梁"传到了左脑的语言中枢处。

在这里，我们就不在解剖学的领域深究下去了。简单来说，开发左脑的话，逻辑思维发达，而开发右脑的话，艺术性的想象力会比较丰富。

右脑会创造意象，产生韵律感、色彩感等，然后进行想象。可以说，它具有感官性、直觉性、艺术性。而另一方面，左脑则进行数学性的思考，具有分析、探究等科学性的能力。

专业用语稍稍用得有些多，但是想必读者们应该能大致了解左脑和右脑的区别。

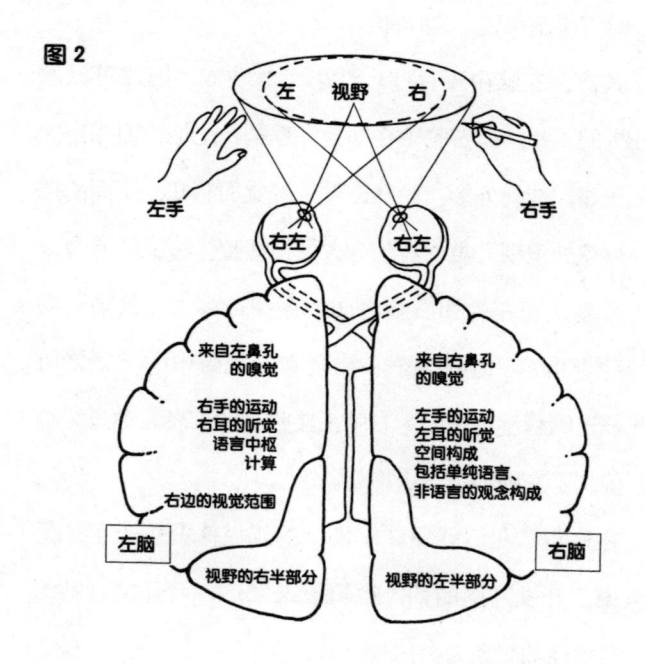

**图2**

左视野　右

左手　　　右手

右左　右左

来自左鼻孔的嗅觉
右手的运动
右耳的听觉
语言中枢
计算
右边的视觉范围

来自右鼻孔的嗅觉
左手的运动
左耳的听觉
空间构成
包括单纯语言、非语言的观念构成

左脑　　　右脑

视野的右半部分　视野的左半部分

图 2 用图示展示了角田氏的分析。这是大脑的简略"地图"。大脑,事实上是个不可思议的东西,不是吗?

**右脑和左脑一起使用的话,会产生不可思议的创意**

大家应该对曾经掀起过的"左脑右脑热"记忆犹新吧。从那时开始,各种让右脑和左脑合作来提高创造力、集中力、记忆力的方法,开始备受瞩目。

当然,让右脑和左脑齐心协力同时工作,原本是每个人在日常生活中再正常不过的行为。

比如,一边听音乐一边做数学题;一边欣赏画作一边写小说,等等。右脑的行为和左脑的行为同时进行,在日常生活中绝不是什么稀奇的事情,我们也不会在思考的时候特地想:啊,现在是右脑在工作。

但是,当你囿于小屋中读书、写作,专注于某一件事情一段时间之后,就会自然而然地想要放一段音乐小憩一下。"啊,真是放松!"虽说这不是什么伟大的发现,却是谁都会有过的经验吧。

这可以说是左脑和右脑互相切换使用的瞬间。

说到"思考",容易想到手拿一本书、面色凝重的样子,犹如罗丹雕刻的《思想者》。但其实,放松的时候,右脑的活动占据了相当重要的地位。

我在迄今为止的"了不起的头脑体操"系列图书中已数次提到,锻炼大脑并非一定要思考什么很难的问题,而是希望大脑能得到更深度的开发。

最重要的是,右脑和左脑能够进行高效的协同作业,不受拘束,能够自由地思考、想象。左脑的数字式指向性也好,右脑的模拟式指向性也罢,不要偏向任意一方,这样才能让两者达到平衡地共同作业。

这样的话,因为不受固有模式的拘束,才能应对发生的任何状况;也因为思考能自由切换,才能产生充满创意的思考。

并且,让左脑和右脑共同作业,说不定能产生至今为止从未有过的能量,即所谓的潜在能力。

超自然的思考、幻想等,总是被认为与科学无缘,但今后它们也是产生创意的重要因素。说不定从那里,就会产生令人惊叹的发明。可以说,这种能力是隐藏在那个被称为"大脑"的丛林中的秘宝。

20世纪具有代表性的物理学家——爱因斯坦，在发现相对论时，并不是坐在书桌前的，而是随意地躺卧在一座小土丘上。

在那里，盛夏的阳光直射下来，他眯缝着眼睛望向天空，无数细长耀眼的太阳光线反射在他长长的睫毛上，将他引入一个妙不可言的幻想世界。

他想象自己乘坐一缕太阳的光线开始宇宙旅行。突然，一个他从未企及的、超物理学常识的、全新的理论世界，如同梦一般展现在他的面前——他是这么说的。

心怀感激的他立刻起身回家，坐在书桌前，将他所感知的如同梦幻一般的世界数字化，并形成体系。于是，这个被称为"相对论"的世纪大发现就此诞生。

**大脑，是人间最后的秘境**

刚刚的话题有点严肃，现在我们来挑战一道题吧。

> 例题：下图是一个常见的铁质书立。想制作一个这样的书立，最少需要多长的铁？

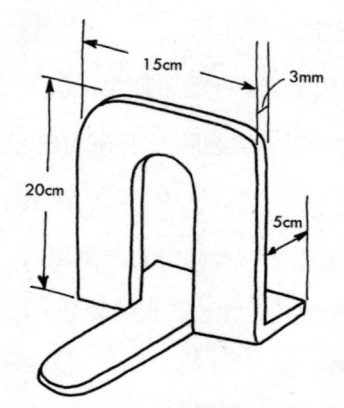

看到这样的题，或许会觉得这是用计算能解决的问题吧。但事实上，这一题要求转换思考的能力，也就是说，要从铁板的厚度是3毫米这一先入为主的观念中解脱出来。

于是，应该能得到这样的答案：如果使用宽幅为25厘米以上、厚度为15厘米以上（反之亦可）的铁材的话，只需要仅仅3毫米长的铁，就能制作出如图所示的书立了。

这类题，对于习惯左脑思考的人来说，恐怕先入为主的想法很难去除，会觉得无从下手。执着于铁板的厚度是3毫米，就会觉得这道题怎么这么难呀，如果是不乐意思考、很容易放弃的人，是找不到解决问题的头绪的。

但是，只需稍微借助一下右脑的能力，问题就简单多了。

过度局限于问题本身，视野就会变得越来越小，这可不行。某个主意浮现在脑海中时，不要从逻辑上，而是尝试跟着直觉去做想象，是从今往后的重要研究课题。

在大脑生理学的领域，现在也展开了各种各样的研究。大脑，是人间最后的秘境。

对于迄今为止尚未探明的"丛林"，先人们已身先士卒前去探险了，而我也希望能稍稍挑战一下。在此想法的促成下，我写成了此书。

但是，我并无与生理学家、哲学家对抗的想法。丛林就是丛林，在里面轻轻松松地享受它带来的快乐，是我们这个系列的宗旨。因此，也请大家轻松地对待本书。

本书总共分为七个章节。每一章节的智力题，是针对大脑不同的机能而归类的。

第1章是丛林的入口。首先，是要让直观力得到提升。在丛林中前行，谁都不知道前方会发生什么。用日常生活中的模式化思考显然是无法应对的。在这里，需要具有对第一次见到的事物也能看透其本质的直观力。

第2章，是要跨越深不见底的沼泽。正是因为沼泽深不见底，所以一步踏错则后果难料。面对看上去相同的水面，该怎么推理，是问题的所在。

接下来的第3章，是练习怎么利用脑筋的深不可测的能量，以及怎么与逆流而上的力量相结合，这里的智力题会更难一些。

第4章，是要从脑筋里复杂、易迷失方向的路中穿梭而过。

第5章，需要左脑和右脑进行最大可能的共同作业。人类的创意也好，思考也好，如果总是停留在同一个地方，那就没有发展的余地了。需要果断决然地越过断崖，掌握新的视点。

接下来的第6章，是要让大脑储存至今的能量完全释放，来攀登绝壁。一旦成功越过，胜利就在前方。

最后的第7章，大家应该能让右脑和左脑的机能平衡分配，使其极具效能地运作了。因为大脑的"秘宝"，应该就在那儿。

这个"秘宝"，对于不同的人来说，存在的形式也不同。并且，它的价值也是因人而异的。

它的价值并非能借来或用金钱买来。它必须依靠每个人自身的体验才能熠熠生辉，是不可思议的宝藏。

虽然不知道这"秘宝"是否立即就能发挥作用，但是今后如何使用它，每个人都可以自己去探索。

到现在为止的"了不起的头脑体操"系列，我都一再强调不要轻易放弃思考。虽然道理是不言而喻的，但还是不惜口舌再三唠叨，真切希望读者能遵守这一约定。绝对不要轻易放弃，无论如何都要尽力思考答案。

大脑，是丛林一般的存在。大家一起来加入探险队，进入这块未开发的区域，来一次探险吧！

这次探险结束的时候，相信你会解锁某种之前完全没有激发出来的新能力呢。

祝大家凯旋！

# 1. 脑力之拨开密林

大脑中，一定有一片密林。它在哪儿？里面有些什么？全然不知。但是，在那里，一定有独特的思维密钥。

问题是，如何找到它？深入密林，无疑是最好的办法。那样，应该会渐渐看清密林深处的样子。

在这里，我准备了一些问题，让大家热热身。别害怕，大胆一试吧！

来，我们这就出发吧！

# 问？题

三兄弟决定开一罐糖水橘子罐头吃。罐子里食物的重量是 320 克，很难平均分成三等份，于是他们决定，两个哥哥各吃 100 克，剩下的 120 克全部归弟弟。但是，弟弟接过罐头准备吃的时候，突然生起气来。究竟发生了什么呢？

# 答案

因为两个哥哥各吃的 100 克是橘子肉，等到弟弟吃的时候，罐子里剩下的都是汁水，橘子肉几乎已经没有了。

☆队长的指令

那么快就在密林中迷路的各位读者，如果你以为 320 克全部都是橘子的话，那么这就是你前途多难、头脑僵硬的证据。希望你能保持头脑柔软，并且正确地把握状况。

've # 问?题

自认为从来不缺男友的 J 小姐，一转眼到了该结婚的年纪，也该收收心了。那年夏天，她下定决心，谁第一个向她求婚，她就嫁给谁。可是直到秋天，J 小姐仍然单身。虽然她承认一直有人跟她说"求求你，快结婚吧！"这样的话，而且这样的话已经说了四十二遍，但是别说结婚了，她连订婚也没有。从始至终，J 小姐的决心并没有改变，那么这是怎么回事呢？

## 答案

"求求你,快结婚吧!"说这话的是 J 小姐的父母。

☆队长的指令

向年轻的女性说"求求你,快结婚吧!"的人,可不一定是恋人哟。同一句话具有双重意思,想要发现隐藏在语言背后的另一层深义,还要多多练习哦。

# 问？题

沙漠中的水是无比贵重的，多一升少一升都有可能引发一场杀戮。有一个卖水的商人，用大皮袋装着25升水在沙漠中贩卖。来了两个客人，一个要19升，一个要12升。因为不可能同时满足这两个客人，所以他决定只卖给其中一个。沙漠中烈日当头，酷热难耐，商人想尽快完成这笔生意。从水袋里抽出一升水需要10秒钟，他想尽快结束这单生意的话，应该把水卖给谁？

## 答案

要 12 升的客人。

乍一看，从 25 升的皮袋里抽出 6 升，把剩余的卖给要 19 升的客人，这样是最快的。但是，皮袋里原来是不是装满了 25 升水，只有商人自己知道，客人是无法接受的。

> ☆队长的指令
>
> 　　任何事情都有一个大前提。生意往来，能否让客人接受，这是个大前提。因此，无论采取什么方式，只有首先满足大前提的办法才是正解。

# 问？题

　　一个闷热的夏日，一名科学家打算做一个实验。首先，在器皿中，他放进了一种液体，这种液体只要遇到一点点水就会发生反应，释放出剧毒气体。然后，他把一个装满水、水中漂浮冰块的杯子放在液体中。那么，这位科学家的实验会产生毒气吗？

## 答案

会。

虽然冰化开后水也不会溢出,但是,杯子外部会凝结出小水珠,这些水珠滴到液体里,就会发生反应产生毒气。

- ☆队长的指令

　　这道题中有一个大大的陷阱。水变成冰以后,体积会比原来的大,这一点连小学生都知道。但是,这块冰浮在水面上时,沉在水面下的体积和原来水的体积是一样的。这种情况下,即使冰块化了,水也不会溢出来。可是如果就此得出结论,那就落入陷阱了。解答此题还需要考虑到冷凝现象,才能避开陷阱。

# 问?题

　　有两个占卜百分百灵验的占卜师，有一天某个国家大总统的密使来到他们这儿问卜："现在，我们国家的大总统性命堪忧，请告诉我，大总统的命运将会如何？"一个占卜师说："放心，大总统不会被杀。"而另一个占卜师说："很遗憾，大总统一定会死，但不是病死，也不是意外事故而死。"数天后，两个人的占卜全都灵验。那么大总统到底怎么了？

# 答案

当然是死了,是自杀!

☆队长的指令

看起来两个完全矛盾的条件,但是仔细想来,可以找到这两个条件未提及的方面。这里提到了"死"的方式,然后去除他杀、病死、意外事故死……答案就呼之欲出了。

# 问？题

　　有一个富翁,他的两个邻居各养了一条狗。两条狗一到晚上就叫个不停,吵得他睡不着觉。富翁实在忍受不了,于是给了两个邻居各1000万日元,让他们搬家。两家人确实带着他们的狗搬家了,可是到了晚上,富翁还是听到了狗叫,并且还是那两条狗,请问这是为什么呢?

## 答案

因为相邻的两家互相搬到了对方的房子里。

☆队长的指令

觉得搬家就是搬到远处,被这样的想法支配的读者,首先应当从常识的框架中脱离出来。有这种思维的盲点,很难产生与众不同的想法。

# 问题

乔治每十分钟就要抽一支烟，一天要抽 96 支烟。他的女朋友玛丽说："乔治，抽那么多烟对身体不好，你试试看，至少减一半的量吧。上午或下午，只抽半天怎么样？"

乔治说："玛丽，我知道你这是为了我好。这样吧，我把一天分成两部分，只挑其中一部分的时间抽烟，但是原来的抽烟频率不变，怎么样？"乔治忠实地遵照了这个条件，但是他抽烟的量一点儿也没有减少。这是为什么？

## 答案

乔治把一天分成了醒着的时候和睡着的时候。只是睡着的时候不抽，当然和原来的量没有差别啦。

> ☆队长的指令
> 　　和前面 J 小姐结婚的题的陷阱是同一类型的。也就是说，对于同一句话，可以有不同的解释。

# 问题

如图，将若干个骰子的三点和六点的面排列在一起。乍一看是胡乱摆放的，但实际是根据某种规则排列的。所以，排列在最后的"?"应该是A、B、C中的哪一个？请推理。

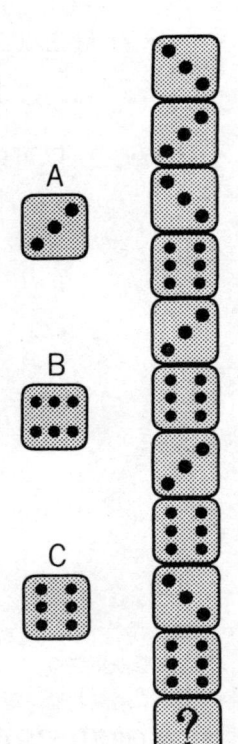

33

# 答案

只看最左边那一列。从最上面开始依次是·、··、···、····、·····。而"?"之前的那一个是···，所以可以推理出"?"应该是C。

> ☆队长的指令
> 
> 遇到此类问题，无论如何要耐心一点儿，在一个一个骰子中寻找规则。你不知道在大脑的密林中，会发生什么意想不到的事情。如果找到了骰子的点数也能相连的这一视角，答案就呼之欲出了。

# 问？题

有一句谚语:"三个臭皮匠,顶个诸葛亮。"

但是有一件事情,如果只有一个人的话,很容易就能得出结果;如果是两个人在一起,要知道结果也不难;但是,有三个以上的人在场,那就很难破案了。

请问这究竟是件什么事情?

## 答案

究竟是谁放了一个无声的屁?

☆队长的指令

潜入右脑的底部,沉思默想一下吧!

# 问？题

公司职员卡萨诺瓦被派到遥远的日本。因为是单身赴任,他每天寂寞得不得了。于是,他尝试随意拨打电话,连续九次都传来年轻女性的声音。那么,这是偶然,还是他有什么窍门吗?

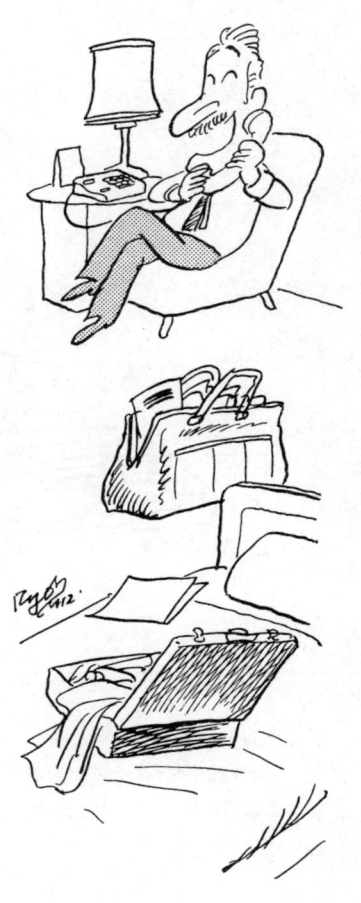

## 答案

他拨打的都是不存在的号码,所以电话里传来的女性声音是:"您拨打的电话号码不存在……"

☆队长的指令

日常的体验也可作为新鲜事物存放在头脑深处。就像本题,应该马上能想到,电话那头不一定是真人在说话。

## 问？题

有一对双胞胎兄弟，长得一模一样，唯一的区别是，哥哥的屁股上有个胎记，弟弟的没有。但是，即使两个人穿同样的衣服，也有人能马上知道谁是哥哥谁是弟弟。那个人是谁？

## 答案

是双胞胎自己。

☆队长的指令

密林中，如果纠结于屁股上有没有胎记这样的小事，就容易迷失大局。想拥有更广阔的视野，纵观大局很重要。

**休息室
问 题**

　　一个老婆婆被带到警察局里。当班的警察问她犯了什么事,她说:"我往公园的鲤鱼池里扔了仙贝。"这样的小事,为什么会被抓到警察局里呢?

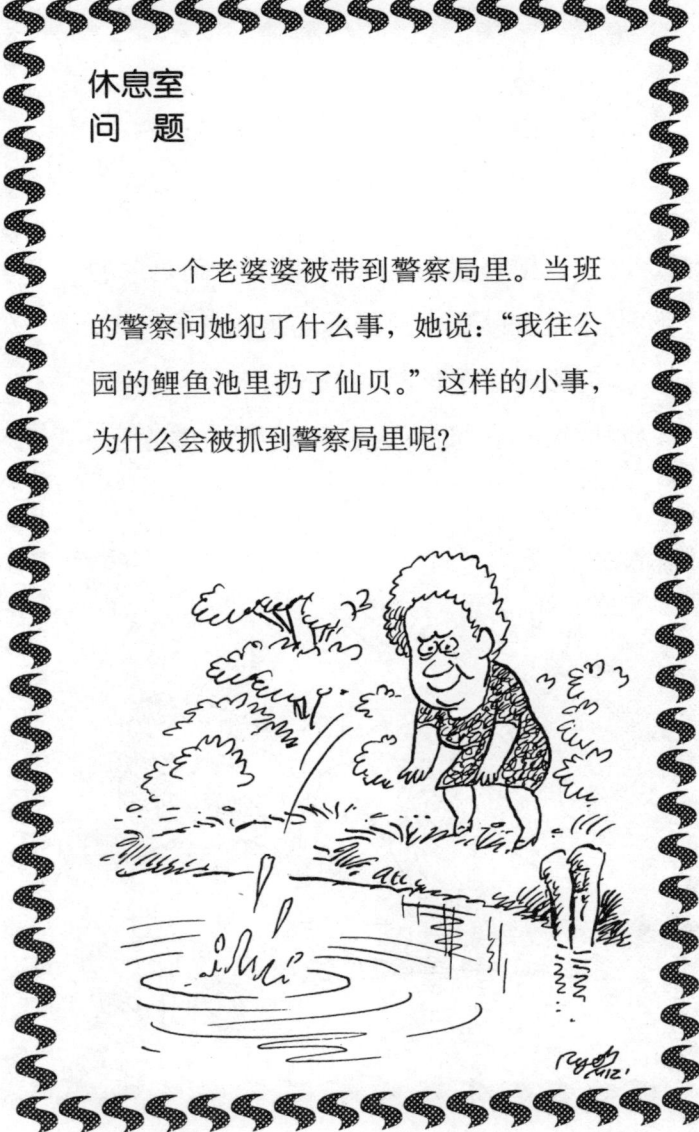

**休息室**
**回　答**

　　她扔进池里的，是个叫"仙贝"的老爷爷。日本社会的老龄化日趋严重，时常听到在老人院里一些老人发生纠纷的报道呢。说不定这件事也是这类情况。

# 2. 脑力之跨越无底沼泽

密林中，到处都是无底的沼泽。刚越过一个，还没等喘口气呢，愕然发现面前有个更大的坑。

有时，自己以为问题已经解决了，就轻视它："不过也就这样嘛！"结果又落到陷阱里去了。

这样可不行哦。思考来不得半点儿偷懒，思考是无止境的。

如何才能不落入无底的沼泽中去呢？应该多花点儿时间，去思考更多的可能性。方法并不仅限于一种哦。

# 问？题

有一个国家，每天都会发生各种大事件。这个国家有一份报纸——《新闻》，专门刊登国家每天发生的大事。有一天，这个国家居然没有任何大事件发生，但是报纸仍然刊登了一个大事件的报道。这是怎么回事？当然，这份报纸不报道其他国家的事情。

## 答案

完全没有大事件发生，本身就是个大事件。

☆队长的指令

新闻所报道的，就是预想之外发生的事件。因此，总是事件不断的国家，某一天什么事件都没有发生，这本身就是个大事件。思考需要常理，也需要灵活。

# 问？题

十匹马组成的马队和十匹骆驼组成的骆驼队展开对战。每匹马上有一名士兵，每个驼峰上也有一名士兵，两队短兵相接时，使用刺刀作为武器，战况异常激烈。两支队伍都很神勇，俘虏对方一名士兵的同时，己方也有一名士兵被俘虏。结果，马队10人全部被俘虏，而骆驼队却还有10个人。这么奇怪的事情可能发生吗？

## 答案

可能的。一匹马的背上有一名士兵，一个驼峰上也有一名士兵，这是原题目。可是，如果是双峰骆驼的话，就有两个驼峰，可以驮两名士兵。结果，骆驼队的十匹骆驼驮了二十名士兵，十名被俘虏了，剩下的十名还在骆驼的驼峰上。

☆队长的指令

注意到"骆驼的驼峰上"这一表达是关键。题中没有一处写明一匹骆驼上只有一名士兵。

# 问?题

行星探测器在一颗星球上，发现了一种新的小球藻菌。这种小球藻菌每一天的数量都是前一天的2次方。比如：$3^2 \to 9^2 \to 81^2$……繁殖速度异常迅速。那么，一个小球藻菌，十天以后会变成多少个呢？

## 答案

1 的任意次方都是 1，这是连小学生都知道的。

$$1^{10} = 1$$

☆队长的指令

看到问题中"繁殖速度异常迅速"，就贸然下结论是大忌。稍稍冷静地思考一下，就知道 1 这个数字，无论几次方都是 1。

# 问？题

如图所示，火柴棒组成了四个正方形。如何做到只移动其中一根，就能组成五个正方形呢？

## 答案

如图所示移动就可以。这样，正中央就出现了一个小的正方形。

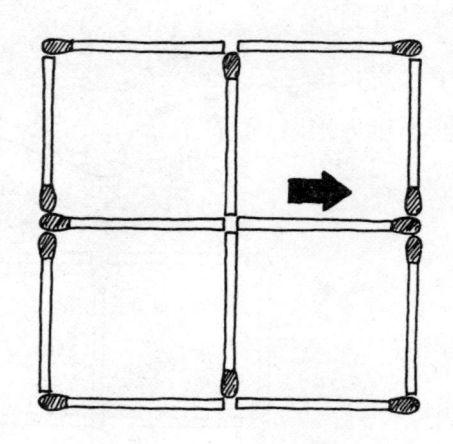

☆队长的指令

说是正方形，可并没有说一定要四根火柴围成的正方形啊。因为没有规定正方形的大小，所以可以自由发挥想象。

# 问?题

A、B、C三个人，共同出资买了一张彩票。幸运的是，这张彩票中了1000万日元。

但是分配的时候发生了问题。谁都不愿意比其他两个人少拿，当然，多出来的1日元也不愿意给别人。那么，这笔钱可能让三个人平均分吗？

## 答案

把钱存到银行或邮局，产生利息，本金加上利息之后，就有可能平均分成三份了。

> ☆队长的指令
>
> 你可能会想到减去买彩票的出资，然后再分成三等份吧。那样的话，也无法平均分的。只有想办法把1000万日元增加，才是解决这个问题的唯一对策。不是有"静待良机"这一说法吗?

## 问题

如图所示，这是一个庭院的小道。K先生在庭院中散步，他想把所有的小道都走遍，但不想走重复路，有可能吗？以任意一个地方作为起点都可以，但除了小道以外的地方都无法行走。

# 答案

不可能。

以图中的 A 点或 B 点作为起点似乎可以做到，但为了到达起点，就必须通过某条路，所以 K 先生一定会走一段重复的路。

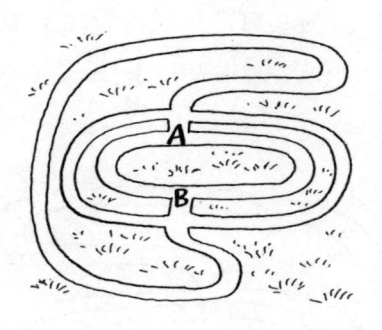

> ☆队长的指令
> 
> 马上就能想明白是比较难的吧。本题不是找方法，而是判断有没有可能性。不用苦思冥想，这样的情况，老实地回答"不可能"就行了。

# 问?题

某一天晚上，我行走在澳大利亚的大平原上。云层极厚，把月亮星星都挡得严严实实，什么也看不见。我的身上除了一张正确无比的地图，以及一支手电筒以外，别无他物。周围也无任何可作为地标的山川河流。但是，我很清楚自己身处何地。当然，这个地方以前我从没来过，那么，我是怎么知道我在哪儿的呢？

# 答案

地图上完全没有山川河流的地方，就是我现在所处的位置。

---

☆队长的指令

在一百个人中，如果只有一个人的脸毫无特点，那毫无特点就成了他的特点。完全没有标记的地方如果只有一处的话，那就成了它与别处的区别点。

# 问?题

正夫、春子、正子三个人掷骰子决胜负。他们使用三个骰子，每个人掷十回，从上面看到的数字加起来点数最大的人胜。

结果，正夫掷出了130点，当仁不让地胜出。而最末位的春子只掷出了10点。这样的情况可能吗？

## 答案

　　从理论上讲，是有可能的。可能你会觉得最少也要 1×3×10=30 点，但其实并不是这样。好好审一下题，题目中并没有说每局掷出的数字总和，而是"从上面看到的数字"总和。因此，三个骰子重叠起来，即三个骰子叠在一起时，从上往下看，就只能看到最上面的那个骰子的顶面。如果掷了十次都是三个骰子重叠，并且顶面是 1 点的话，则 1×10=10 点。春子就是掷出了这样的情况。

☆队长的指令
　　试着思考包括偶然性在内的一切可能。三个骰子竖着重叠，并且每次都掷出了这样的情况，谁都无法断定这是绝对不可能发生的事情。

# 问?题

有两个很有才华的园艺师。现在，庭院里有一块重达10吨的岩石和两块100千克的岩石。他们完全没有接触那块10吨的岩石，就把它成功地架在了两块100千克的岩石上。请问他们究竟是怎么办到的呢？

## 答案

他们在10吨的岩石下面,用铁铲铲出两个坑,把两块100千克的岩石分别埋下去,再把多余的土运走。

☆队长的指令
逆向思维。不是想着怎么在两块小的岩石上架起大的岩石,而是想想怎么用简单的方法使这种状态成立。

# 问？题

如图所示，三根火柴棒组成了一个三角形。想要再用一根火柴棒做出两个几乎完全一样的三角形，该怎么办？

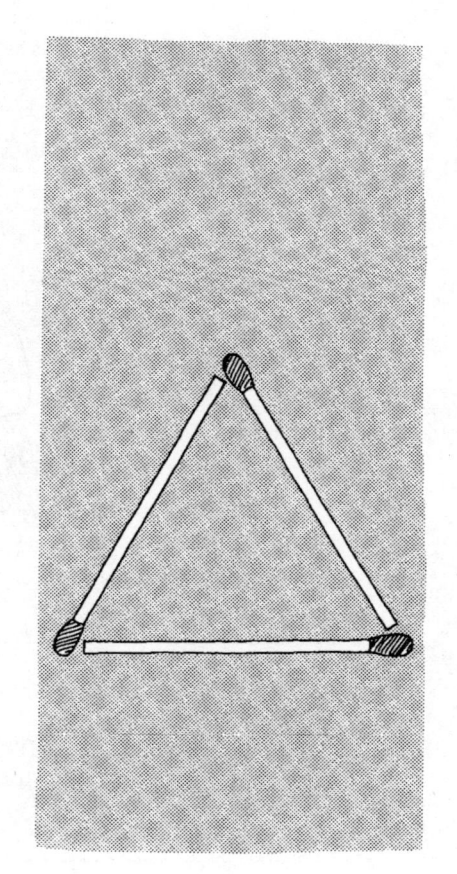

# 答案

用火柴棒按压上眼睑，三角形会出现重影，看上去就是两个。

☆队长的指令

从正面无法解决的情况下，可以尝试从其他角度去解决问题。比如本题，谁都看得出，从平面上是不可能的。

# 问？题

　　自称是"头脑体操"十段选手的宽一君，有一天指着一本《了不起的头脑体操》对我说："老师，我既不往后翻，也不透光看，就能看到答案页。""这怎么可能?!"我说。他冷静地用手指着脑袋，微笑着说："老师，在这里哟。"他不是超能力者，也没有使用镜子等道具。请问他是怎么做到的？

## 答案

他从封底开始往前翻,就能看到答案页。

☆队长的指令

从没有人说过,书不可以从封底往前看的哟。

## 休息室
## 问 题

"要迟到了哟!"妈妈来叫雄太起床。面对前天感冒、昨天拉肚子、再也不想去学校的雄太,妈妈只说了一句话:"那也没有办法呀。"请问这是为什么?

**休息室
回　答**

因为雄太是学校的老师。

# 3. 脑力之逆流而上

在丛林中，为了到达目的地，有时不得不逆流而上。和自然界所持有的巨大力量相较量，仅有体力是远远不够的，还需要运用智力。

希望读者们不要找捷径，不要绕开它，而是全力去克服它。

本章节等待大家的，是需要从正面去全力解决的智力题。

可能需要多花一些时间，但是没关系，在激流的冲击中，不慌不忙、专心致志地前进吧。

# 问？题

　　小茂君拿了2枚100日元的硬币去文具店，买了30日元的橡皮一块、20日元的铅笔一支，还有10日元买三张的纸，他买了6张。随后，他带着找回的130日元零钱回来了。请问他是亏了还是赚了？

# 答案

买 70 日元的东西,不会给店家 2 个 100 日元,应该只会给 100 日元。但是找回来 130 日元,所以是多找了 100 日元。

> **☆队长的指令**
> 问题中并没有写小茂君递给店家 200 日元。不要被表面现象所迷惑,根据实际的情况来判断。

# 问？题

　　有两栋八十米高的高层建筑，它们之间的间隔是八米。在一栋大楼楼顶施工的建筑工人，把一块 2 米长的跳板遗忘在另一栋大楼的楼顶上。他的脚边只有五米长的木梯子和两米长的绳梯，其他什么都找不到。两栋大楼的楼顶同高，上空的风速是 30 米每秒。这名建筑工人不知道用了什么办法，从另一栋大楼把跳板运了过来。他是怎么办到的呢？

# 答案

从大楼的电梯下到地面，上另一幢大楼的电梯到屋顶，拿好跳板，沿原路返回之前大楼的楼顶。

☆队长的指令

拘于问题的细节，就容易忽略重要的地方。因为并没有时间的限制，所以并非必须使用梯子。

# 问?题

　　太郎和次郎是一对双胞胎宇宙飞行员。他们在太空的时候，也遵照家乡的风俗，在每年的最后一天要吃炒豆，并且炒豆的颗数得与自己的年岁相等。但是，两个人吃的炒豆颗数加起来总是奇数，请问这是为什么？

## 答案

　　太郎是当年最后一天的晚上 11 点 50 分出生，次郎却是凌晨 0 点 10 分出生。虽说是双胞胎，可是来到这个世界的确切时间还是有早晚的。

---

● ☆队长的指令
● 　　两个相同的数字之和必定是偶数，因此应该能想到，太郎和次郎虽说是双胞胎，但年龄是不一样的。双胞胎的出生时间有先后，所以应该想到，两个人的生日是以零点为界的两天，而且刚好在跨年的时间点上。

# 问?题

绑匪和人质各三人，要从A岸划船到B岸。小船每次最多容纳两人。绑匪穷凶极恶，人质完全不敢有逃脱的想法。无论A岸、B岸还是船上，如果绑匪的人数多于人质的人数，就会加害人质，但是人质的人数与绑匪相同或多于绑匪的话，大部分情况下不会发生任何问题。想要六个人都平安地到达B岸，小船至少要来回几次？

# 答案

11 次。按以下顺序。●是绑匪，○是人质。

1. ○●到 B 岸。
2. ○单独回 A 岸。
3. ●●到 B 岸。
4. ●单独回 A 岸。
5. ○○到 B 岸。
6. ●○回 A 岸。
7. ○○到 B 岸。
8. ●单独回 A 岸。
9. ●●到 B 岸。
10. ●单独回 A 岸。
11. ●●到 B 岸。

☆队长的指令

解开这道题最关键的一点是，要想明白只有人质在船上或者只有人质留在岸上都是允许的。虽然这不太现实，但从理论上来说是成立的。

# 问?题

如图所示,在三车道的路上,有两辆车几乎以相同的速度行驶。过了一会儿,两辆车的速度始终没有变,但是B突然开始和A并排,然后超到了A车前面。请问这样的情况可能吗?

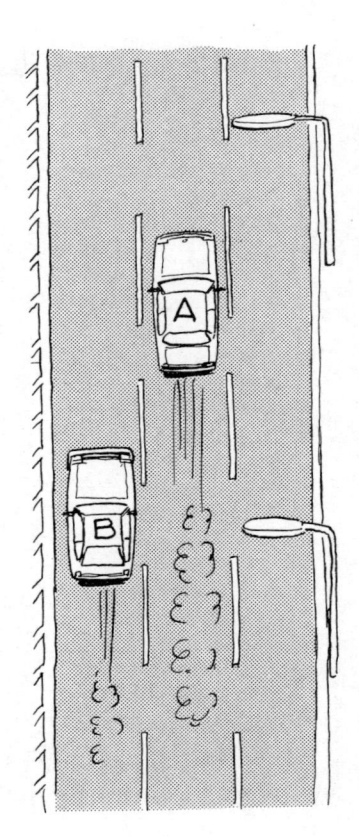

## 答案

道路出现了大的弯道。

☆队长的指令

喜欢观看车赛、自行车赛的人,应该马上就能明白。如果能想到道路并不总是直线的话,这题其实并不难。

# 问?题

某次联盟赛中,共有六支球队打比赛,根据每个球队五十场比赛的成绩决定排名,而排名则由胜率来确定,即:胜的场次÷(总参赛场次-平局的场次)。

结果出来了。从第二名到第六名的成绩如图所示。请推理出排名第一名的成绩。

**联盟赛排名表**

| 排名 | 胜 | 负 | 平 |
|---|---|---|---|
| 1 | ? | ? | ? |
| 2 | 29 | 20 | 1 |
| 3 | 26 | 24 | 0 |
| 4 | 23 | 26 | 1 |
| 5 | 23 | 27 | 0 |
| 6 | 18 | 31 | 1 |

# 答案

胜二十八，负十九，平三。

要点是，平局只可能是一或三。从第二名到第六名，胜的场次合计为一百一十九，负的场次为一百二十八，因此第一名的胜局－负局＝九。

如果，平局为一场，则胜二十九，负二十，平一，胜率与第二名相同，因此只能是胜二十八，负十九，平三。

☆队长的指令

自认为不擅长数字运算的，请立刻纠正这个观点吧！这道题看了答案之后，应该就会觉得不是什么很难的运算吧。遇到自己不擅长的领域就躲开，是没法进步的哦。

## 问？题

图中是一个车站前面的景象。这里面只有一个人是没有伴儿的，请问这个人是谁？

# 答案

注意他们各自拿的东西：抱着小孩儿的②和拿着奶瓶的⑦是一对，正在逗狗的④和拿着狗绳的⑨是一对，拿着女式包包的⑧和没有拿包包的女性，也就是③，是一对。这几对都很容易看出来。剩下的人中，⑤和⑥是男性，而⑥拿着一把女式伞，这应该是①号女性的。因此答案是⑤。

☆队长的指令

一看就知道这是道需要耐性的题。遇到这种题，除了细致的观察，别无他法。只要不中途放弃，就应该能找到答案。

# 问?题

　　公司职员正夫突然接到了要去伦敦长期出差的任务。出发日是当月的第二个星期六。因此,他想在出发之前,把心爱的由美小姐约出来向她表白。但是作为职场女性的由美小姐也很忙,只有当月第二个星期日的晚上才有空。正夫出发前,和由美一起吃了一顿很丰盛的晚餐,并且聊得很愉快。这是怎么回事呢?

# 答案

这个月的第一天是星期天,因此当月的第二个星期天在当月第二个星期六的前一个周末。

| 周日 | 周一 | 周二 | 周三 | 周四 | 周五 | 周六 |
|---|---|---|---|---|---|---|
| 1 | 2 | 3 | 4 | 5 | 6 | 7 |
| 8 | 9 | 10 | 11 | 12 | 13 | 14 |
| 15 | 16 | 17 | 18 | 19 | 20 | 21 |
| 22 | 23 | 24 | 25 | 26 | 27 | 28 |
| 29 | 30 | 31 | | | | |

☆队长的指令

这样的问题,是为了让读者能够稍微改变一下视角,比如,去看一眼日历就能明白。第二个星期日之后才是第二个星期六的情况并不少见,应该很容易就能注意到。

## 问?题

数字显示的钟表，同样的数字连续三个以上排列的，在一天之内有多少分钟？（中午和晚上12点都显示为12∶00）

## 答案

34分钟。

首先，1∶11、2∶22、3∶33、4∶44、5∶55、11∶11这6分钟，各2次。

然后，容易被忽略的有12∶22、10∶00、11∶10、11∶12、11∶13、11∶14、11∶15、11∶16、11∶17、11∶18、11∶19这11分钟，各2次。

全部加起来总计34分钟。

☆队长的指令

不要只在头脑里想，在纸上写写画画就会简单得多。同样的数字显示，在一天之内会出现两次，这一点是本题的陷阱。

# 问？题

　　为了让如右图所示的下方ABCD四个字母与上方ABCD四个字母相连，阿弥陀签[1]上已画了六条线。但是有一个人说，只要两条线就能办到。这是真的吗？

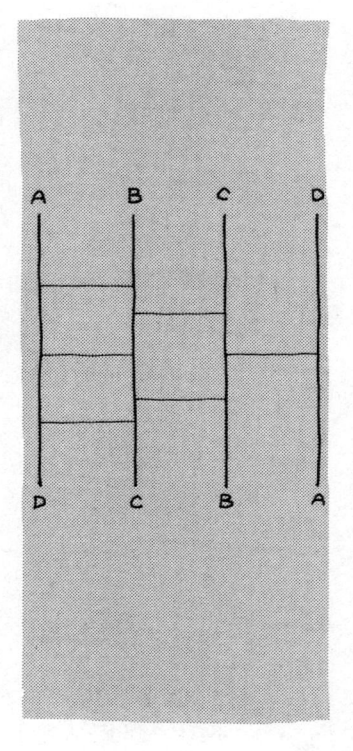

---

[1]阿弥陀签，日本常见的抽签游戏。在纸上画数条竖线，再画许多与之相交的横线，在竖线的一端标记需要决策的不同项目，从另一端任选一条线出发，沿竖线前进，遇到横线则拐弯，直到抵达终点。

# 答案

是真的。如图所示，只要打破常识即可。

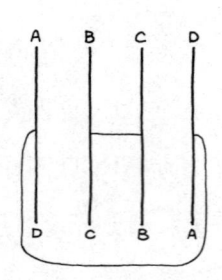

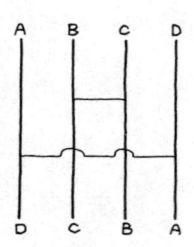

> ☆队长的指令
>
> 不管什么情况下，都可以尝试用新的、独创的想法去挑战。只要是线与线的结合，不管怎么画，都能形成阿弥陀签。

# 问？题

在1~9的数字中选择，每个数字只能使用一次，使○○○○○－○○○○＝33333的等式成立。

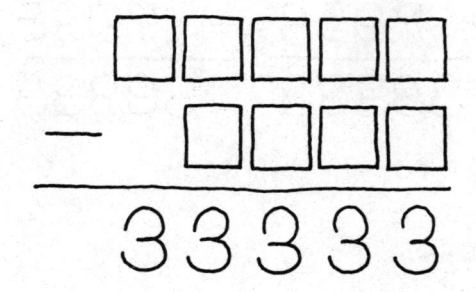

```
   □□□□□
 － □□□□
 ─────────
   33333
```

如图，答案有两种。

$$41286 - 7953 = 33333$$

$$41268 - 7935 = 33333$$

☆队长的指令

在解决问题的时候，专心致志且耐心地一遍一遍试错，有时候也是必需的。本题算式的差的万位数上是 3，所以应该能想到被减数的万位数上只能是 3 或 4，之后的数字就一个一个试了。

**休息室
问 题**

约翰和玛丽夫妇结婚已经七年了,有一天,他们家隔壁搬来了一对新婚夫妇。几天后,玛丽说:"隔壁那家的丈夫真的很爱妻子呢,每次出去的时候都是牵着他妻子的手,温柔地说话。你怎么不像他那样呢?"你们猜约翰会说什么?

**休息室**
回　答

"我和她又不是夫妻。"

# 4. 脑力之迷路时刻

我们的密林探险，进程已经过半了。

接下来的状况，更多是迷失在错综复杂的环境中，迟迟找不到出路。换言之，我们迷路了。

要想走出困境，最重要的是，一定要一边确认自己的初衷一边前进。就算回到出发点，从起点开始重新思考，也不失为一个好办法。

陷入思考的迷路，连一丝引导的光都没有，常常是来来回回，不断碰壁，徒劳无功，连一丝解决的希望都看不到。

那个时候，就回到出发点——原点试试吧。

# 问？题

如图所示，是用 17 根火柴棒搭成的长颈鹿。想再搭出一只长颈鹿宝宝，只移动两根火柴棒，能办到吗？

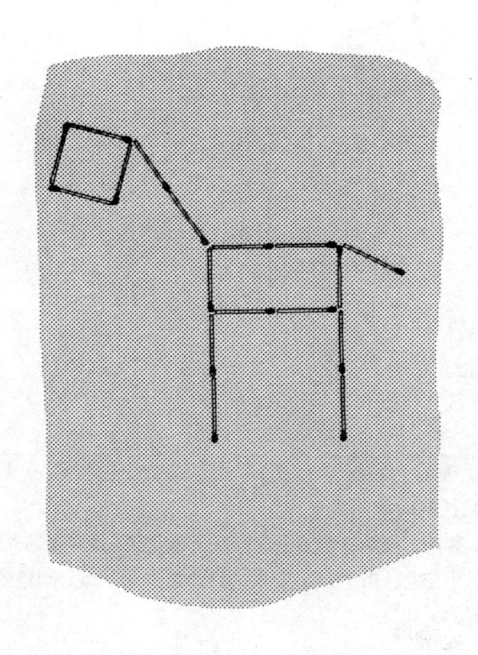

## 答案

如图所示，把腹部撑大。这样的话，腹中就有一只长颈鹿宝宝了。

☆队长的指令

如何去理解"再搭出一只长颈鹿宝宝"是本题的关键。有了小宝宝，肚子就会变大，只要想到这一点，问题就解决了。

# 问？题

一群人即将乘塔格号出海，兴奋得心怦怦跳呢。

塔格号上可以乘坐50人，但其实只装载了48人。从港口开出40分钟后，突然沉了。这是为什么呢？

塔格号上既没有洞，也没有发生爆炸、冲突之类的事情，到底是怎么回事呢？

答案

塔格号是潜水艇。

☆队长的指令
　　没有遇到任何事故就沉了，说明对于那艘船来说，下沉是正常状态，如此就能想到它是潜水艇了。

# 问?题

赛车手 A 氏在公路上行驶的时候,一直是安全驾驶的模范。今天在路上,前方有一辆车全速向他驶来,A 氏突然把方向盘向左一扭,到了人行道上,然后就一直在人行道上行进。奇怪的是,旁边的警察看见了也完全没有阻止。这是为什么呢?

# 答案

因为 A 氏骑的是自行车。

☆队长的指令

　　一看到赛车手，就先入为主地认为他开的是汽车，那么这道题无论如何是无法继续思考下去的。如果反过来想，什么交通工具是可以在步行道上行进的，那就容易多了。

# 问?题

一个旅行者来到偏僻的乡村,看到一位老者正在庭院里干活,于是他向老者询问现在几点了。老者两手托起从天花板上垂下的大大的葫芦回答道:"两点半。"

每次有路人来问老者时间的时候,他总是用两手托起葫芦,而且回答的时间总是正确的。请问这可能吗?

# 答案

把葫芦向上托一下,正好能看见对面的大钟。

> ☆队长的指令
> 　　所谓超常现象,很多时候只是看到了表象的一部分。魔术也是如此,从道理上说不通的事情,其实关窍很简单呢。

# 问?题

有一块重达一吨的岩石,一名女性说她用一把大锤子就能把岩石砸成两半。这名女性的体重不过110千克,她却对自己的腕力有比男性更大的自信。但是,重达一吨的岩石真的那么容易被砸开吗?当然,岩石本身并没有裂缝,她也没有借助炸药或者机械之类的东西。

# 答案

只要这块一吨重的岩石足够薄,向它的正中砸下去就行。

☆队长的指令

首先,从普通情况来考虑,这是不可能的。那就要考虑到底是那名女子有什么魔法,还是这块岩石有什么特别之处。当然从现实来说,后者的可能性更大。

# 问？题

　　有一个头脑清晰的推理作家，有一天受邀去朋友家拜访。朋友家的客厅明显为了迎接客人而做了大扫除，朋友穿着一件素色的轻便西服上衣，叼着一支雪茄走出来，一头花白的头发也精心打理过了，他的打扮和房间里洛可可风格的窗帘很合拍。作家见到他，很冷静地说："真不错呀！可是，你为什么穿了条和你的年龄不相称的衬裤呢？"请问作家如何能一下子就做出这样的推理，作家是怎么猜到的呢？

# 答案

友人忘记穿外裤，只穿了条衬裤就出来了。

☆队长的指令
　　一开始就写了这个人是推理作家，还提及客厅的细节，读者就在脑海中形成了一种固有印象，然后从这种固有印象去推理的人，头脑实在太僵硬了。

# 问?题

电视里每个星期五晚上播出的《世界墓地巡回》的收视率，最近下滑得厉害。于是，电视台打算从惊悚小说界的三大怪人中选出一位，让他在节目播出时做现场直播解说。

这三位候选人分别是，科学怪人弗兰肯斯坦、狼人、吸血鬼德古拉。

现在把这三位怪人集中起来，进行能力检测后，确定现场直播解说由弗兰肯斯坦来担任，另外两位不合格。

这是为什么？

## 答案

狼人只有满月的夜里才会变身。也就是说,他不能保证每周五晚上的直播都能现身。而吸血鬼德古拉害怕十字架,如果墓地有十字架,他就不行了。这就是理由。

☆队长的指令

列出问题中尽可能想到的条件,然后将与之不符的去除即可。

**休息室
问 题**

如图所示放置了一根绳子。现在，太郎和次郎用力拽绳子的一端，会发生什么？

**休息室
回 答**

太郎和次郎会向后摔倒。（因为放置的是 12 根短绳）

# 5. 脑力之越过断崖

终于闯过了迷路这一关，现在又有新的一关在等待大家哟。这就是如刀削一般陡峭的断崖，无论如何都必须越过去。如果不跨越它的话，是无法到达目的地的。

有时候，冒一点儿险也是有必要的。断崖对面，一定有一个和现在不同的世界在等待着你。

人类的想象、思考，如果总是原地打转，那就没有发展的余地了。需要下决心，果断地跨越断崖，获取新的视点。充满勇气地去思考，脑力才能得到飞跃。

本章节是一些需要大胆思考的问题。一定要发挥出想象力哦。

## 问？题

"不、仁、王、?、吾"的"?"部分，需要从"东、西、南、北"四个字中选一个填入。应该选择哪一个？

# 答案

选"西"。因为这几个汉字中,分别含有数字"一、二、三、四、五"。

☆队长的指令

毫无头绪的时候,不妨换一种完全不同的思考方式。本题中,文字的排列毫无意义,那就大胆地猜想,从视觉上是不是能找到突破口。

# 问？题

办公室里的小香性格温柔，是财务部九名男性的梦中情人。但她好像和其中某一位在偷偷地谈恋爱。请根据下面他们九个人的话来判断，谁是小香的男朋友。注意，只有四个人说的是真话。

A、男朋友绝对是 G。

B、绝对是 G。

C、我是小香的男朋友。

D、C 在说谎。

E、G 不是说谎的男人。

F、一定是 I。

G、既不是我也不是 I。

H、C 是她的男朋友。

I、我才是小香的男朋友。

## 答案

如果是 C 以外的答案,与题中所述"只有四个人说的是真话"的条件不相符。

☆队长的指令

有条理的思考训练是必需的。本题中,首先要想到 G 或 C 或 I 都有可能是。但是加上"只有四个人说的是真话"的条件,就只剩下 C 了。

# 问?题

新晋设计师弗兰克·兰瑟的手上,有一件刚刚做好的原创T恤。可是,他只看了一眼就发起火来,这是为什么呢?

因为图案被印反了。正确的应当如下图所示，白色部分才是正确的图案，空白处也就是斜线的部分是"FL"。也就是说，设计师把姓名的首字母作为设计图案。

☆队长的指令

看起来像实体，其实可能只是实体的倒影。如果跟着这样的思路走，上下、左右、表里的着眼点转换一下，就能想到"FL"这样的图案了。

# 问？题

纸上画着5个点，如果点与点之间用直线连接，如何画出星形。

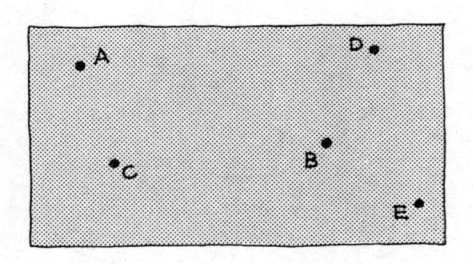

## 答案

如图所示，将纸卷成筒状再画就行。

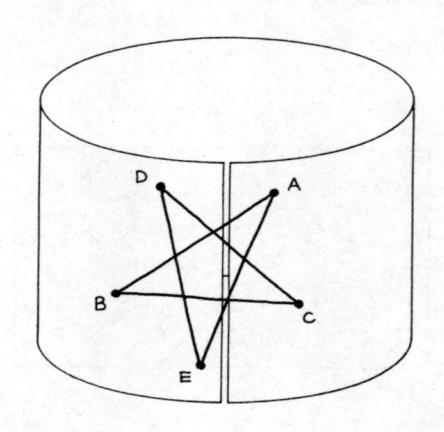

☆队长的指令

从平面到立体，思考方式做了生动有力的转换。但是，如果只在头脑中想象这个三维空间的话，是很难的。拿起手边的纸，动手画画看吧。

# 问?题

有两个木匠,他们要将一块长条形的木板锯成两半。两个人从木板两端的正中开始锯。按理说,这样锯开之后的木板应该拼合得起来,但奇怪的是,无法合起来了。木板本身没有弯曲,木匠在锯的时候也没有锯弯。这究竟是怎么回事呢?

## 答案

两个人锯板的方式如图所示。

---

● ☆队长的指令

"无法合起来了",把这样的结果在头脑中想出来,然后思考为什么会这样,即反过来想想看。

# 问？题

首先，如图所示，用五根火柴棒搭出一个等腰梯形。在这五根火柴之中，移动两根，再加上一根，如何搭出一个和原来梯形相同面积的图形。即，现在要求用六根火柴，搭出与原图形面积相等的图形。

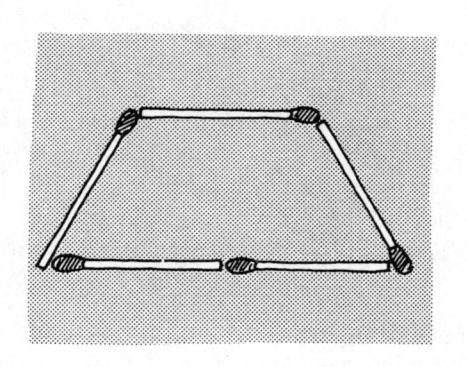

# 答案

如图所示。

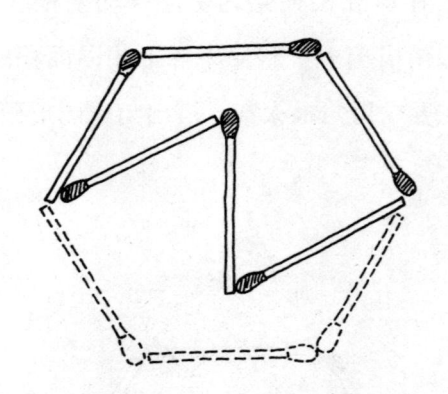

- ☆队长的指令

如果一直停留在关于梯形的思考中，无论考虑多久，都不会有突破。越是这种时候，越是要突破壁垒，从完全不同的角度去思考。如果能拼出一个六边形，那么只要做出它面积的一半，这道题就容易多了。

# 问？题

这里有一张边长 10 厘米的正方形纸。这张纸上能画出多少个直径为 5 厘米的圆？条件是，圆和圆之间不能有相交和重叠。

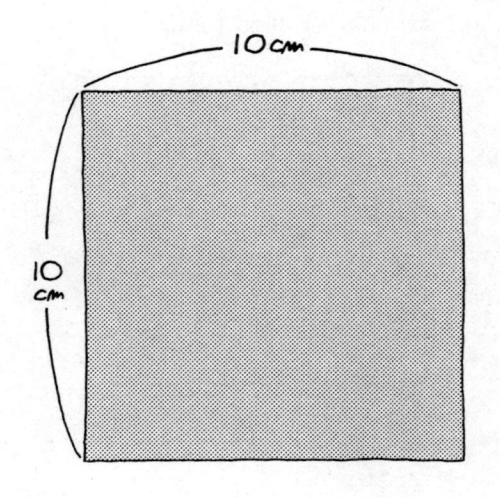

## 答案

六个。纸有正面和反面。

两面可以画四个,这是接受过"了不起的头脑体操"训练的解答,但是数学能力尚缺。正确的答案应是如下图所示,单面三个圆。

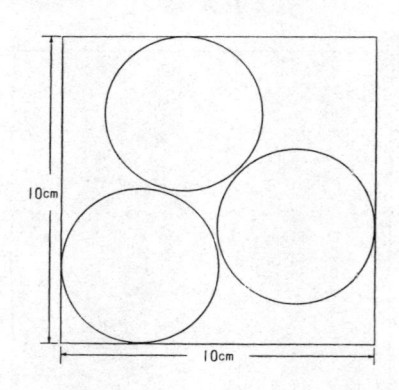

☆队长的指令

只在脑中思考,得不出正确答案。回答两个的,也不能原谅。仅仅凭空想象是无法做出正确判断的。

# 问？题

如图所示 5×5 的方格，每个格子中只能放置一块石头。要在图中放置 5 块石头，且每条横、竖、斜线上不能出现两块，该如何放置？此外，同样是每条横、竖、斜线上不能出现两块石头的条件，图中只能放置 3 块石头，多一块都会打破这个条件。该如何放置？

# 答案

如图所示（有其他答案）。

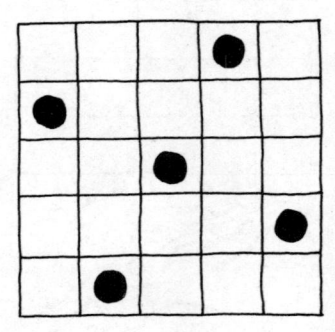

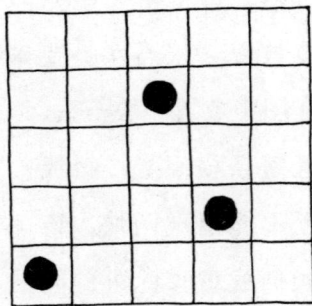

☆队长的指令

　　这样的题，除了努力尝试，别无他法。即使要花很多时间也没办法，努力寻找正确答案吧。

## 问？题

足球的图案是由黑色的五边形和白色的六边形拼接而成。

那么，只使用直尺和铅笔，能不能用黑色的五边形画出一个大的白色的五边形，用白色的六边形画出小的黑色的六边形呢？

# 答案

如图所示。

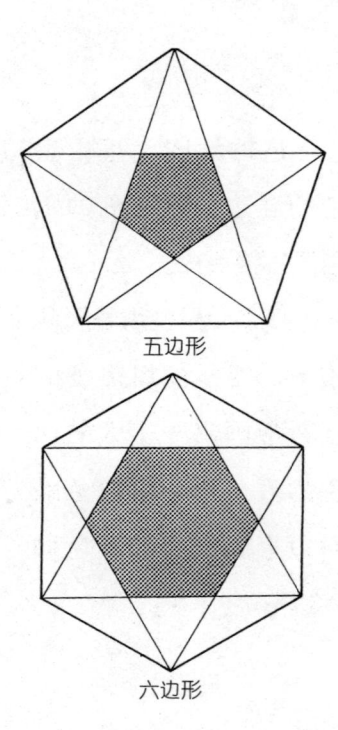

五边形

六边形

☆队长的指令

这也是一道在纸上画了半天，这也不对那也不行，但别无他法只能努力尝试的题。意外的是，五边以上的多边形，一定能用类似的这种方法画呢。

**休息室
问 题**

A 的老家在九州,他被公司长期派驻到北海道。到了北海道后,他发现自己把老家邮箱的钥匙随身带来了,于是他想通过邮局把钥匙寄回去。他的家人能收到钥匙吗?

**休息室
回　答**

能收到。乍一眼看来，邮寄回去的钥匙会被塞进邮箱，这样就取不出来了。但是，可以在信封上备注清楚，让邮递员直接交给家人就可以了。

# 6. 脑力之攀登绝壁

🔺🔺🔺🔺🔺🔺🔺🔺🔺🔺🔺🔺🔺🔺🔺🔺🔺🔺🔺🔺🔺🔺

到第五章为止，有的人觉得轻轻松松，有的人举步维艰，好不容易才走到现在。目的地就在前面，希望大家拼尽最后的力气。

一个人的脑中，蕴藏着无法想象的巨大能量。出发前只使用了百分之三脑容量的诸位，现在脑筋的转速应该快多了吧。

现在，希望大家一鼓作气爬上绝壁。中途摔倒或是休息一下，都会掉下悬崖的哦。

如果觉得通过之前的冒险已经有了经验而掉以轻心，是很危险的呢。不多说了，我在前面等着大家。

🔺🔺🔺🔺🔺🔺🔺🔺🔺🔺🔺🔺🔺🔺🔺🔺🔺🔺🔺🔺🔺🔺

# 问？题

杰克和彼得是两名中学生，他们既是邻居，也是好朋友。有一天，杰克早上7点10分从家出发，骑自行车以每小时15千米的速度向学校行进，结果迟到了15分钟。而同一天，彼得7点40分从家出发，骑车以同样的速度到学校，却没有迟到。请问为什么只是杰克迟到了呢？

# 答案

因为彼得和杰克不在同一所学校，彼得的学校离家近。

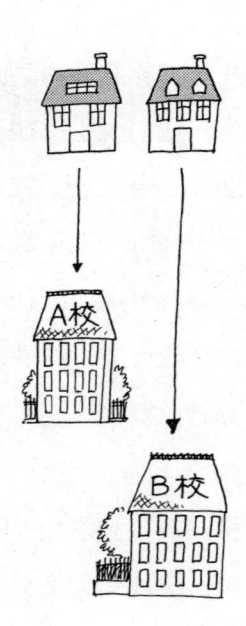

☆队长的指令

题目中并没有说杰克和彼得是同一所学校的学生。如果你这么容易就上当，那难怪会落入陷阱了。

# 问?题

　　大介和妹妹洋子拿出各自的零花钱买零食。"这种糖果一颗 10 日元。洋子比我多吃 2 颗，所以她应该给我 20 日元。"大介说。

　　听上去很公平，但实际上呢？

# 答案

大介少出了 10 日元。

本来两个人各出一半的钱,糖果也是一人一半。但是洋子只从大介那里拿了一颗,他们之间的糖果数相差就是 2 颗。所以,原本洋子只要给大介一颗糖果的钱,也就是 10 日元就可以了。

☆队长的指令

两个人持有相同数目的东西,在这种情况下,任意一方给另一方一个,相差的数量就变成了 2 颗。思考的时候稍微注意一下,应该就能避免陷入这种错觉中了。

# 问?题

A、B、C 三个人正在卖苹果，A 有 11 个，B 有 10 个，C 有 9 个。三个人说好，任何时候都以同样的价格出售。但奇怪的是，最终 A、B、C 各自的销售金额是一样的。这是为什么？

## 答案

售卖分几次。比如说：第一次，一个20日元，A卖4个，B卖5个，C卖6个。第二次，1个10日元，A卖7个，B卖5个，C卖3个。

☆队长的指令

　　售卖分几次，每一次的价格是不同的，能想到这一点，后面的事情就简单了。答案可以有好几种。

# 问题

有六兄弟，从老大开始，分别是一郎、二郎、三郎、四郎、五郎、六郎，六个人坐在圆桌边吃饭，但每个人都与自己年龄最相近的哥哥或弟弟关系不好，他们绝对不肯相邻而坐。如果三郎的边上没有坐五郎的话，那么二郎的边上是谁和谁？

# 答案

五郎和四郎。

排列方法如图所示（倒过来也可以）。

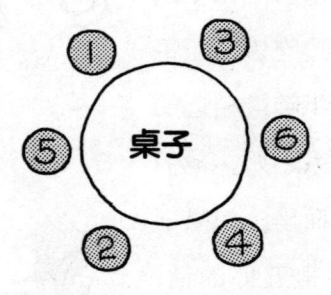

☆队长的指令
　　这首题，其实自己用笔画一下就可以了。使其视觉化以后，会发现答案很容易找到。

# 问?题

第一次看到电子时钟的小朋友会这么读数：2、5、5、4、5……听上去好像毫无道理，但其实他也是遵循某项规则来读的。那么，下一个数字是什么呢？

# 答案

6、4、7、6、8、4、6。如左图所示，小朋友读的是电子时钟的液晶柱的发光数。

| 发光数 | 时间 |
|---|---|
| 2 | 1 |
| 5 | 2 |
| 5 | 3 |
| 4 | 4 |
| 5 | 5 |
| 6 | 6 |
| 4 | 7 |
| 7 | 8 |
| 6 | 9 |
| 8 | 10 |
| 4 | 11 |
| 6 | 0 |

☆队长的指令

　　小孩子往往会从我们大人想象不到的独特角度去观察事物。从他们的身上，经常能够获得新鲜的点子。

# 问？题

　　X星球上的粮食稍微有点儿奇怪。被称为帕拉（P）和梅巴（M）的物质浮游在水中，2个帕拉或2个梅巴，就是一人份的粮食。但是，一个帕拉和一个梅巴的组合，不能成为粮食。水很混浊，仅凭眼睛看是分辨不出来的。如果把手伸进水里摸，这两种物质无论是大小还是手感都没有区别。那么，如果要一次性打捞上三人份的粮食，最少需要打捞几个出来呢？

# 答案

　　7个。首先，帕拉用 P 表示，梅巴用 M 表示。如果只打捞一人份的粮食，由于可能出现 P 和 M 组合的情况，所以最少需要打捞出三个。这样，就有 PPP、PPM、PMM、MMM 这四种组合。但是，为了得到两人份的粮食，无论剩下的一个是 M 或 P 都只要再打捞两个就行。以此类推，三人份的话，再多两个，所以是 7 个。

> ☆队长的指令
> 　　首先考虑得到一人份的粮食需要打捞几个，在此基础上，再考虑两人份、三人份的情况，这样会比较容易。不要试图一步解决问题，分阶段考虑有时也是很必要的。

# 问?题

房吉先生有四匹马。从地点 A 到 B，四匹马分别需要一个小时、两个小时、四个小时和六个小时。从 A 到 B，一次只能牵两匹马，把另两匹留在原地。然后将一匹马留在 B，骑另一匹回到 A。那么，房吉先生要把四匹马都从 A 带到 B，最少需要几个小时？

## 答案

**全部移动完成是在 13 个小时之后了。**

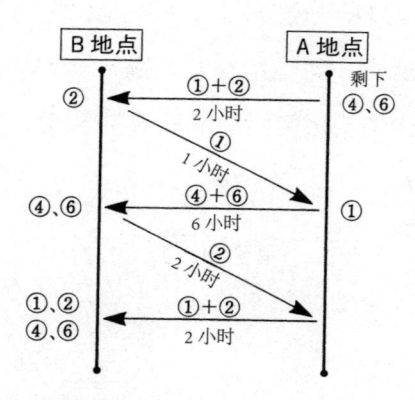

```
            B地点              A地点
             │    ①+②         │ 剩下
         ② ←─┼───────────      │ ④、⑥
             │   2 小时         │
             │         ①       │
             │    ─────────→   │
             │    1 小时        │
             │                 │ ①
       ④、⑥ ←┼──── ④+⑥ ──    │
             │     6 小时       │
             │         ②       │
             │    ─────────→   │
             │    2 小时        │
       ①、② │                 │
       ④、⑥ ←┼──── ①+② ──    │
             │     2 小时       │
             •                 •
```

(①是 1 个小时,②是 2 个小时,④是 4 个小时,⑥是 6 个小时的马)

---

☆**队长的指令**

房吉先生要来回两次半才能完成全部的移动。能想到回来的时候骑匹跑得快的马,题目就简单多了。第一次的去程 2 个小时,回程 1 个小时。之后依此类推即可。

# 7. 脑力之寻找秘宝

丛林冒险终于快接近尾声了，目的地就在眼前了哟。接下来，只需要找到谜之秘宝。

行进到这里，想必大家已经明白，所谓"秘宝"，就是你自己头脑的灵活度。

人类在漫长的历史中，通过各种各样的方法来发掘大脑潜力。在这个冒险中，我们也在为了更了解大脑的运作而努力。

但是这还不够呢。如何让左脑和右脑齐力运作，是作为队长的我正在思考的问题。希望大家继续努力寻找秘宝吧。不到最后决不放弃！

# 问？题

下图 A、B、C、D、E 是按照某个规则排列的。E 的下一个图形是什么样的？

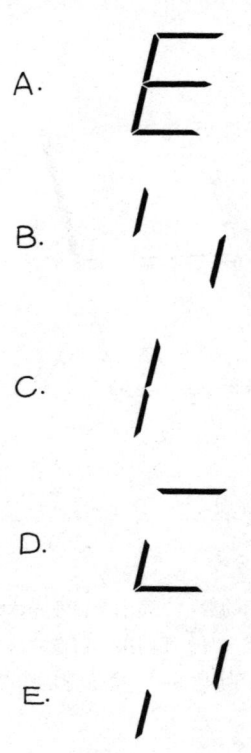

A. E

B. ⌐/

C. /

D. ⌐/ L

E. /

# 答案

下图的黑线部分，其实是液晶柱的数字，A是1，B是2，C是3，D是4，E是5的液晶柱熄灭的部分。

---

☆队长的指令

液晶柱所表示的数字，是由7根发光体组成，可以显示从0～9的数字。对于平时很少留意的这类事情，如果留心起来，应该会学到很多自然与杂学的知识呢。

# 问?题

有一张长方形的纸，想在上面画出如图所示的线。使用一支铅笔，最少需要画几笔？纸不能折叠或弄破。

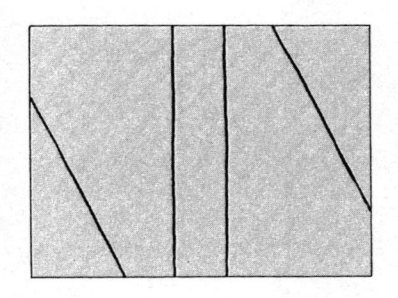

## 答案

画在纸上的线，可以连接纸的边缘。只看正面的话是四根线，但是从正面到反面可以一笔画出一根连续的线。因为纸很薄，所以很容易被认为只是一个单纯的平面。

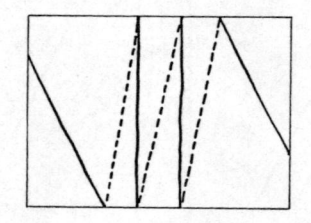

☆队长的指令
　　无论多薄的纸，其实都是立体的。如果注意到这一点，答案就很简单了。

# 问？题

在某个国家，人们认为正三角形具有神秘的力量。正准备施魔法的一位魔法学徒，用五十厘米、二十厘米、十厘米的木棒各三根，搭出了如图所示的三个正三角形。但师父说："太少了！用同样的材料，可以搭九个正三角形。当然，木棒不能弯折，不能切割，也不能重叠。"请问该怎么做？

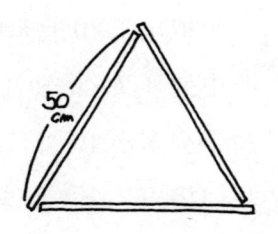

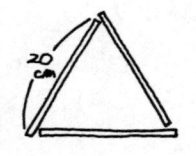

## 答案

把边长10厘米的三角形，置于其他三角形的当中就可以。需要注意的是，50厘米的木棒，如图所示会多出10厘米。如果不让它多出来的话，就只能搭出7个，如果每根都多出10厘米的话，就能搭出9个。

> ☆队长的指令
>
> 大三角形中包含小三角形，这应该很快能想到。但是，如果只是这样的话，只能搭出7个三角形。如果再能想到让大的三角形的三边都多出来，可以说你的头脑是相当柔软的了。

# 问?题

有十张卡片，分别写着从1到10的数字。第一次把它们分成三组，分组规则是，ABC三组的数字除以3，每组的余数分别是1、2、0。那么，现在把8和9调换，形成了另外一种分组的规则。按照这种新的规则，10应该分在哪个组中？

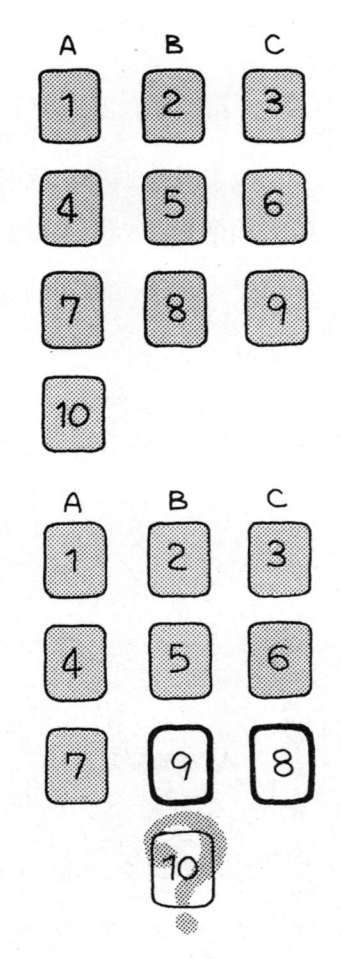

B 组。

A 组是用直线组成的数字。B 组是用直线和曲线组成的数字。C 组是用曲线组成的数字。并且，A、B、C 这三个字母也符合这个分组的规律。

☆队长的指令

和前面从"东、西、南、北"中选择一字的智力题有异曲同工之处。文字、数字并不只有它们本来的意思，也可以从视觉角度去思考，转换一下思维的角度很有必要。

# 问?题

A星球和B星球是两个完全相反的星球。A星球的男性说的都是谎话，而女性说的都是真话。B星球的女性说的都是谎话，而男性说的都是真话。麻烦的是，A星人和B星人长得一模一样，连男女都完全区分不出来。

此时，A星人和B星人混杂在一起，希望分别只用一个问题就能判断出，①是A星人还是B星人，②是男性还是女性，③是否说了真话。注意，不能用"1加1是不是等于2"这类客观题来判断真伪。

# 答案

① "你是女性吗?"回答"是"的是 A 星人，回答"不是"的是 B 星人。

② "你是 B 星人吗?"回答"是"的是男性，回答"不是"的是女性。

③ "你是 A 星球的女性吗?"回答"不是"的是 B 星球的男性，他们说的一定是真话。或者，"你是 B 星球的女性吗?"回答"不是"的是 A 星球的男性，他们说的一定是真话。

☆队长的指令

这样的问题，只要按照设定的几个条件在纸上画表就能找到答案。如果只在头脑中空想，恐怕就力量有限了。

# 问?题

　　公司的年终酒会在一个酒吧里举行。店主指着围棋棋盘状的酒架上的酒，说："大家一年到头辛苦了！今天请尽兴地喝。只要最后给我留下5列，每列上有4瓶酒就可以。"宴会结束后，店主到酒窖中一看，他以为会余下20瓶酒，结果只余了10瓶。他想把那个公司的人骂一顿，但留下的酒确实是5列，而每一列上有4瓶。请问这是怎么回事呢？

## 答案

如图所示。

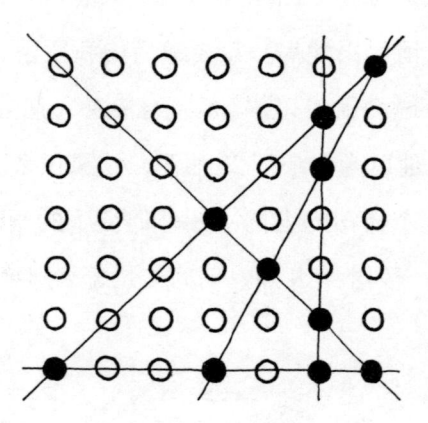

- **☆队长的指令**

    店主并没有说"请留下 20 瓶"。而一个酒瓶既可以在这一列上,也可以在其他列上。这样的话,如何留下最少的瓶数,就有多种排列方式。本题的答案只是其中一种。

# 问？题

同样大小的九张正方形纸，可组成一个大的正方形。再加一枚同样大小方形纸，如何拼成一个更大的正方形？纸可以自由裁剪，但是不能有多余，也不能有重叠。

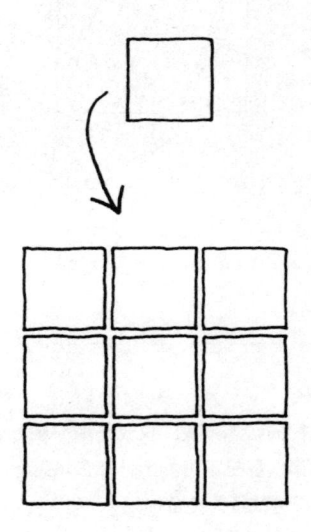

## 答案

沿图中实线裁剪后重新拼接。

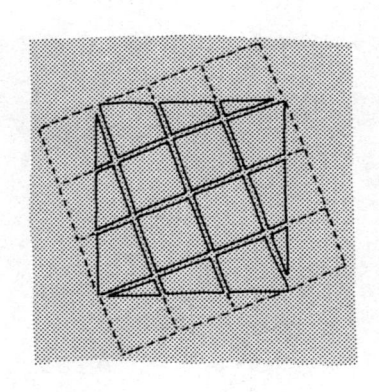

☆队长的指令

保持这样的状态不变,仅仅是加一块,要重新组成一个大的正方形,那是不可能的。那么该怎么办?如果这个时候能想到沿斜线裁剪,合格!